Gudrun Hettinger

Window Color Weihnachtsideen

CHRISTOPHORUS
BRUNNEN-REIHE

Inhalt

- **3** Es weihnachtet
- **4** So gehts
- **6** Reitender Niko
- **8** Lustige Nikoläuse
- **10** Im Hubschrauber
- **12** Weihnachtsfenster
- **14** Eisbären-Bescherung
- **16** Nikolaus-Akrobatiken
- **18** Geschenkverpackungen
- **20** Eistanz
- **22** Bei den Pinguinen
- **24** Vogelhäuschen
- **26** Leuchtende Glasdeko
- **28** Nussknacker
- **30** Himmlische Tischdeko
- **32** Profi-Tipps

Es weihnachtet

Bald beginnt wieder die Zeit, in der wir unser Zuhause besonders gemütlich und weihnachtlich gestalten wollen. Alle Jahre wieder stellen wir neue Überlegungen an und fragen uns: „Welcher Weihnachtsschmuck ist dieses Jahr wohl angesagt?" Die Vorfreude auf das Fest steigt, wenn wir zusammen mit der Familie oder mit Freunden kleine, liebenswerte Dekorationen anfertigen.

In diesem Buch finden Sie Weihnachtskugeln mit Motiven aus dem Erzgebirge, edle Geschenkverpackungen mit Strasssteinen, festliche Tischdeko mit himmlischen Wesen, winterlichen Fensterschmuck mit akrobatischen Nikoläusen, Eisbären und Pinguinen – und alles ist mit Samtpuder, Glimmer und Eiskristall zum Anfassen verlockend ergänzt.

Diese vielfältigen Ideen sollen Sie dazu anregen, Ihr persönliches Umfeld festlich zu gestalten, um eine stimmungsvolle Atmosphäre zu schaffen. Dazu tragen oft liebevoll gefertigte Kleinigkeiten als Vorboten der Weihnachtszeit mehr bei als manche großartigen Dekorationen.

Eine friedvolle, geruhsame und besinnliche Advents- und Weihnachtszeit und natürlich viel Spaß und Erfolg beim Entstehen Ihrer kleinen Kunstwerke wünscht Ihnen herzlichst

Ihre

So gehts

1 Die Vorlage unter eine Folie legen oder in eine Prospekthülle schieben. Nur von Spezialfolien oder Folien aus Polyethylen (PE) und Polypropylen (PP) ist das fertige Motiv später wieder ablösbar. PVC-Folien sind ungeeignet. Die Konturenfarbe entweder direkt aus der Flasche oder mit einer Guttadüse (0,6 - 0,9 mm) auftragen. Mit einem speziell entwickelten „Airliner" lassen sich die Konturen einfacher und ohne Druck auftragen. Dabei langsam, gleichmäßig und nicht zu dünn arbeiten. Die Konturen müssen dicht geschlossen werden. Beim Auftrag der Konturen darauf achten, dass die Spitze der Flasche immer gezogen und nicht gegen den Strich geschoben wird. Lückenhafte Konturen können nach dem Entfernen der Vorlage nachgebessert werden. Die aufgetragene Kontur je nach Stärke des Auftrags bis zu ca. zwei Stunden trocknen lassen.

2 Die einzelnen Farbfelder deckend und gleichmäßig direkt aus der Flasche genau bis zur Konturenlinie ausmalen, damit Kontur und Farbe verbunden sind. Die Malerei immer wieder gegen das Licht halten, nur so können Lücken festgestellt werden. Bei zu dünnem Farbauftrag lässt sich das fertige Motiv oft nur unvollständig ablösen. Größere Flächen zügig ausmalen, da sonst die Ränder antrocknen und unschöne Übergänge entstehen. Auf kleine Felder Farbtupfen setzen und die Farbe mit einem Zahnstocher oder einer Prickelnadel zum Rand ziehen. Die Farben sind zunächst milchig und werden nach dem Trocknen, nach etwa 24 Stunden, transparent und leuchtend. Nun kann das Motiv vorsichtig von der Folie gelöst und auf allen Glas-, Spiegelflächen sowie auf Fliesen selbsthaftend angebracht werden. Von Kunststoffen aus PVC sind die Motive nicht wieder ablösbar!

3 Mit Samtpuder erzielt man besonders effektvolle Wirkungen bei fellartigen sowie stoff- oder plüschähnlichen Teilen, wie z. B. bei Besätzen der Nikolausmäntel und -mützen sowie von Schleifen.

Dazu das Pulver noch in den feuchten, farblich entsprechenden Untergrund aufstreuen, bis die Fläche komplett bedeckt ist. Schrittweise arbeiten, das heißt z. B. erst sämtliche weiße Flächen mit weißem Pulver bestreuen, nach dem Trocknen die roten bemalen und bestreuen usw. Nach jeder Trockenphase mit einem weichen Pinsel das überschüssige Samtpulver entfernen bzw. mit einem feuchten Wattestäbchen säubern.

Wenn alle samtigen Flächen bedeckt sind, kann der Rest mit Window Color ausgemalt werden. Konturen nochmals nachziehen.

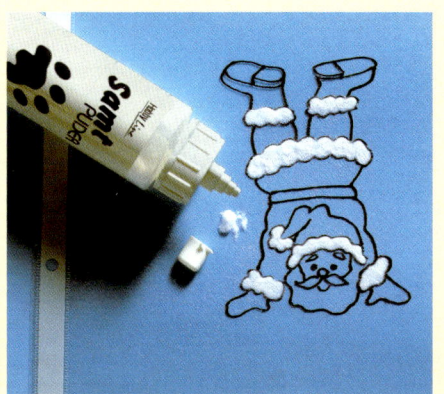

Tipps & Tricks

Malen mit Window Color

■ Flaschen nicht schütteln, da sich sonst Luftblasen bilden könnten. Sind doch Bläschen entstanden, diese sofort mit einer Nadel aufstechen.

■ Beim Auftragen von Weiß sollten die angrenzenden Felder erst nach dem völligen Trocknen gemalt werden.

■ Nicht gut deckende bzw. lückenhafte Farbaufträge können stellenweise wiederholt aufgetragen werden. Der erste Auftrag muss jedoch völlig abgetrocknet sein.

■ Feine Ergänzungen oder übermalte Konturen können nach dem Trocknen mit Konturenfarbe korrigiert werden.

■ Ungleichmäßige Stellen beim Auftrag der Konturen lassen sich mit einem Messer, Skalpell oder Wattestäbchen korrigieren.

■ Den Trocknungsvorgang nie durch Wärmezufuhr beschleunigen, die Oberfläche würde dann rissig werden.

Reitender Niko

Konturen
- Schwarz

Farben
- Weiß
- Weiß irisierend
- Haut & Weiß & Pfirsich
- Dunkelrot
- Grasgrün
- Cognac
- Nougat
- Glitzer-Gold
- Glitzer-Orchidee
- Schwarz

Sonstiges
- Adhäsionsfolie oder Mobilefolie, 0,2 mm
- Samtpuder in Weiß

Vorlage A

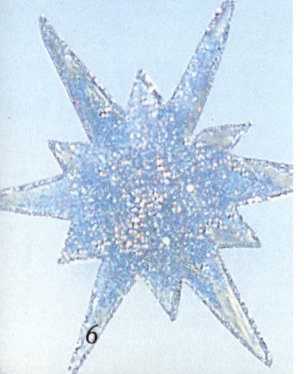

Anbringen und Ablösen der Motive

■ Große Bilder am besten auf Adhäsionsfolie, einer selbsthaftenden Folie, malen. So lassen sie sich problemlos anbringen und wieder ablösen. Motive nach dem Trocknen ausschneiden und die Schutzfolie vor dem Anbringen ablösen. Dauerhaft haltbar bleibt das Fensterbild auch, wenn Sie es auf einer dünnen, stabilen Folie (Mobilefolie, 0,2 mm) aufmalen und danach ausschneiden. Das Bild wird dann mit dünnen Klebestreifen oder einem Perlonfaden am Fenster befestigt.

■ Kleinere Teile können direkt auf den Untergrund selbsthaftend befestigt werden. Sollten Teile beim Ablösen zusammenkleben, diese sofort unter kaltes Wasser halten und vorsichtig die Verklebung lösen.

■ Motive, die sich beim Entfernen von der Scheibe schlecht ablösen, mit einem Schwamm bzw. mit einem Haarföhn vorsichtig erwärmen.

Aufbewahren der Motive

■ Getrocknete Motive nicht aufeinander legen, sie kleben zusammen. Immer eine Schicht aus der entsprechenden Folie dazwischenlegen.

■ Zum Aufbewahren die Motive in eine seitlich aufgeschnittene Prospekthülle aus PE oder PP stecken. So bleiben die Kunstwerke bis zum nächsten Weihnachtsfest gut erhalten.

Lustige Nikoläuse

Konturen
- Schwarz

Farben
- Weiß
- Zitronengelb
- Haut & Weiß & Pfirsich
- Pfirsich
- Signalrot
- Dunkelrot
- Fuchsia
- Blauviolett
- Hellblau & Weiß
- Saphir
- Grasgrün
- Apfelgrün
- Cognac
- Nougat
- Silber
- Gold
- Glitzer-Gold
- Schwarz

Sonstiges
- Adhäsionsfolie oder Mobilefolie, 0,2 mm
- Eiskristall
- Samtpuder in Weiß
- Perlmutt-Flimmer

Vorlage B

Im Hubschrauber

Konturen
- Schwarz
- Gold
- Blau-transparent

Farben
- Crystal
- Weiß
- Weiß irisierend
- Sonnengelb
- Haut & Weiß & Pfirsich
- Bernstein
- Signalrot
- Dunkelrot
- Blauviolett
- Himmelblau & Weiß
- Royalblau
- Grasgrün
- Glitzer-Grün
- Cognac
- Nougat
- Glitzer-Gold
- Silber
- Schwarz

Sonstiges
- Adhäsionsfolie oder Mobilefolie, 0,2 mm
- Samtpuder in Weiß, Gelb
- Eiskristall
- Perlmuttflimmer

Vorlagen C1, C2

Weihnachts-fenster

Konturen
- Schwarz

Farben
- Weiß
- Strohgelb
- Haut & Weiß & Pfirsich
- Rosé & Weiß
- Bernstein
- Glitzer-Rot
- Dunkelrot
- Holunder
- Grasgrün
- Apfelgrün
- Himmelblau & Weiß
- Cognac
- Nougat
- Gold
- Glitzer-Gold
- Schwarz

Sonstiges
- Mobilefolie, 0,2 mm
- Samtpuder in Weiß, Rot
- Perlmuttflimmer, fein
- Klangstäbe, 4 cm
- Perlonfaden

Vorlage D

Die Motivreihe kann beliebig fortgesetzt werden.

Eisbären-Bescherung

Konturen
- Schwarz

Farben
- Weiß
- Weiß irisierend
- Strohgelb
- Rosé & Weiß
- Bernstein
- Dunkelrot
- Himmelbau & Weiß
- Grasgrün
- Apfelgrün
- Nougat
- Gold
- Silber
- Schwarz

Sonstiges
- Adhäsionsfolie oder Mobilefolie, 0,2 mm
- Samtpuder in Weiß, Rot, Zartblau und Weinrot
- Eiskristall

Vorlage E

Nikolaus-Akrobatiken

Konturen
- Schwarz

Farben
- Weiß
- Haut & Weiß & Pfirsich
- Bernstein
- Dunkelrot
- Saphir
- Grasgrün
- Cognac
- Nougat
- Glitzer-Gold
- Gold
- Silber
- Schwarz

Sonstiges
- Adhäsionsfolie oder Mobilefolie, 0,2 mm
- Samtpuder in Weiß
- Gel-Pen in Gold

Vorlagen F1, F2

Geschenk-
verpackungen

Konturen
- Gold

Farben
- Gold
- Glitzer-Gold

Sonstiges
- Mobilefolie, 0,2 mm
- Geschenkboxen aus milchigem Polypropylen
- Strasssteine in Kegelform, 4 mm
- Edelstahldraht in Gold, 1 mm
- Aludraht in Gold, 1,5 mm
- Goldband, 6 mm
- Metallicband mit Kupferdraht, 5 cm
- Doppelseitige Klebefolie

Vorlage G

Anleitung siehe Seite 20

Geschenk-
verpackungen

(Abbildung & Materialangaben Seite 18/19)

Eistanz

Konturen
- Schwarz

Farben
- Weiß
- Haut & Weiß & Pfirsich
- Bernstein
- Dunkelrot
- Saphir & Weiß
- Gold
- Silber
- Schwarz

Sonstiges
- Samtpuder in Weiß
- Glitzer-Gold
- Strassklebesteine, 3 mm

Vorlage H

1️⃣ Sämtliche Teile auf Mobilefolie malen. Die Rückseite mit Glitzer-Gold bemalen. So heben sich die goldenen Konturen besser ab. Für die Strasssteine Tupfen mit Glitzer-Gold auftragen und diese darauf fixieren.

2️⃣ Einzelne Elemente mit Drahtspiralen als Fensterschmuck verbinden.

3️⃣ Motivteile nur mit kleinen Streifen doppelseitiger Klebefolie auf den Geschenkboxen fixieren, so können sie später abgenommen werden und dienen als Weihnachtsschmuck.

Bei den Pinguinen

Konturen
- Schwarz

Farben
- Weiß
- Weiß irisierend
- Strohgelb
- Pfirsich
- Rosé & Weiß
- Dunkelrot
- Himmelblau & Weiß
- Grasgrün
- Gold
- Glitzer-Gold
- Hellgrau & Weiß
- Schwarz

Sonstiges
- Adhäsionsfolie oder Mobilefolie, 0,2 mm
- Samtpuder in Weiß
- Eiskristall

Vorlage J

Eiskristall auf die noch feuchte weiße Farbe aufstreuen. Umliegende Felder müssen trocken sein.

Vogel-häuschen

Konturen
■ Schwarz

Farben
■ Weiß
■ Strohgelb
■ Bernstein
■ Signalrot
■ Himmelblau & Weiß
■ Saphir
■ Apfelgrün
■ Grasgrün
■ Olivgrün
■ Siena
■ Nougat
■ Schwarz

Sonstiges
■ Adhäsionsfolie oder Mobilefolie, 0,2 mm
■ Eiskristall
■ Perlonfaden
■ Klangstäbe, 0,8 x 9, 11, 13 cm

Vorlagen K1, K2

Eiskristall auf die noch feuchte weiße Farbe aufstreuen. Umliegende Felder müssen trocken sein.

Leuchtende Glasdeko

Konturen
- Schwarz

Farben
- Weiß
- Strohgelb
- Haut & Weiß & Pfirsich
- Bernstein
- Rosé & Weiß
- Signalrot
- Dunkelrot
- Hellblau & Weiß
- Saphir
- Grasgrün
- Gold
- Glitzer-Gold
- Silber
- Schwarz

Sonstiges
- Glaskugeln, Ø 12 cm
- Lampionflasche
- Pyramidenstumpf
- Satinier-Effekt
- Aludraht, 3 mm, in Silber
- Tropfen in Saphir, Kristallklar, Rubinrot, 30 x 20 mm
- Ösen

Vorlage L

Anleitung Seite 28

26

Nussknacker

Konturen
- Schwarz

Farben
- Schwarz
- Weiß
- Haut & Weiß & Pfirsich
- Dunkelrot
- Signalrot
- Saphir
- Strohgelb
- Hellblau & Weiß
- Strohgelb
- Grasgrün
- Gold
- Silber

Sonstiges
- Aludraht, 3 mm, in Silber
- Dekoschnur
- Mobilefolie, 0,2 mm
- Doppelseitige Klebefolie
- Kunststofftropfen in Rubinrot, 30 x 20 mm
- Ösen

Vorlage M

[1] Aludraht in Spiralform biegen, mit Dekoschnur umwickeln und mit doppelseitigem Klebstreifen befestigen. Kunststofftropfen mit Ösen verbinden und mit einem Tropfen Klebstoff fixieren.

[2] Nussknacker auf Mobilefolie malen, ausschneiden und an der Spirale mit doppelseitiger Klebefolie befestigen.

Leuchtende Glasdeko

(Abbildung & Materialangaben Seite 26/27)

[1] Durch Auftragen von Satinier-Effekt auf Glas können sehr schöne Frosteffekte erzielt werden. Das Medium direkt aus der Flasche mit Schwamm, Malpinsel oder in der Schablonentechnik mit einem Stupfpinsel auftragen.

[2] Räuchermännchen, Schäfchen, Engel und Sterne anordnen.

[3] Den Aludraht für die engen Rundungen mit einer Rundzange, für die weiteren mit den Fingern biegen. Anfangsstücke evtl. mit etwas Klebstoff fixieren – die Endstücke zu kleinen Spiralen formen. Die Kunststofftropfen und -kegel mit kleinen Ösen befestigen und ebenfalls mit etwas Klebstoff fixieren.

[4] Die Engel für die Tischkärtchen (Seite 30/31) auf Mobilefolie malen und ausschneiden.

Himmlische Tischdeko

Konturen
- Schwarz
- Gold

Farben
- Weiß
- Haut & Weiß & Pfirsich
- Bernstein
- Rosé & Weiß
- Dunkelrot
- Himmelblau & Weiß
- Saphir
- Glitzer-Gold

Sonstiges
- Glaslichter mit Wachsmantel, Ø 8,5 x 8 cm, Ø 10 x 10 cm
- Glasvase, gefrostet, 10 cm
- Glaslampe, 17 cm
- Satinier-Effekt
- Aludraht in Blau, 3 mm, Rot, 2 mm
- Mobilefolie, 0,2 mm
- Tropfen in Lila, 30 x 20 mm
- Kegel in Saphir, 22 x 11 mm
- Ösen

Vorlage N

Anleitung Seite 28/29 „Leuchtende Glasdeko"

Impressum

© 2002
Christophorus-Verlag GmbH
Freiburg im Breisgau
Alle Rechte vorbehalten –
Printed in Germany
ISBN 3-419-56414-7

Jede gewerbliche Nutzung der Arbeiten und Entwürfe ist nur mit Genehmigung der Urheberin und des Verlages gestattet. Bei Anwendung im Unterricht und in Kursen ist auf diesen Band der Brunnen-Reihe hinzuweisen.

Styling und Fotos:
Roland Krieg, Waldkirch

**Covergestaltung
und Layoutentwurf:**
Network!, München

Coverrealisierung:
smp, Freiburg

Produktion:
Carsten Schorn, Merzhausen

Druck:
Freiburger Graphische Betriebe

Wir sind für Sie da, wenn Sie Fragen haben.
Und wir interessieren uns für Ihre eigenen Ideen und Anregungen.
Schreiben Sie uns, wir hören gerne von Ihnen!
Ihr Christophorus-Team

Christophorus-Verlag GmbH
Hermann-Herder-Str. 4
79104 Freiburg
Tel.: 0761/ 27 17-0
Fax: 0761/ 27 17-3 52
oder e-mail:
info@christophorus-verlag.de

www.christophorus-verlag.de

Profi-Tipps

■ Sehr hilfreich zum Ausmalen ist die Anfertigung einer Farbtabelle, da die Farben teilweise erst nach dem Trocknen ihre völlige Farbausstrahlung bekommen.

■ Weiße Lichtreflexe in den Pupillen lassen die Augen lebendiger wirken. Mit weißem Lack- oder Gel-Pen einen Punkt auf die getrocknete Farbe auftragen.

■ Glitzer-Gold wirkt intensiver, wenn mit Weiß oder Gelb vorgemalt wird.

■ Besondere Effekte erzielen Sie durch Vermischen der Farben oder durch Abschattieren. Mit einem Zahnstocher lassen sich die Farben ineinander ziehen oder vermischen. Größere Farbmengen können auch in Leerflaschen gemischt werden.

■ Weitere Titel von Gudrun Hettinger:

3-419-56275-6

3-419-56396-5

3-419-56399-X